한국특수교육진흥협회 추천 교재

2

느린 학습자를 위한

저자. 정하나 | 유선미 | 민달팽이교재연구회

인지학습 워크북

• 시지각 발달 교재 •

도서출판 민달팽이

머 / 리 / 말

지적장애 및 자폐스펙트럼 아동의 인지적 개입은 이들의 일상생활 적응에 있어 가장 기초적이고 중요한 치료/교육 영역이다. 이에 학습문제에 대한 개입 시, 많은 치료사와 교사, 부모들은 보다 아동들이 즐겁게 참여할 수 있으며, 이들의 수준 및 인지적 특성이 고려된 다양한 활동에 대한 필요성에 대해 이야기 해왔다.

아동학 박사인 저자들 또한 오랜 임상경험을 바탕으로 지적장애 및 자폐스펙트럼 아동들이 비교적 잘 계획되고 조직화된 활동을 통해 인지적 개입의 목표와 전략을 쉽게 이룰 수 있을 뿐만 아니라, 개입의 지속성을 높일 수 있는 워크북에 대한 고민이 많았다. 그리고 때마침 장애아동을 위한 교육 사업에 힘쓰고 있는 민달팽이사회적협동조합을 만나 이 책을 준비하게 되었다.

다양한 학습활동이나 전략이 제시된 훌륭한 책들이 없지 않으나, 보다 지적장애 및 자폐스펙트럼 아동의 인지적 기능 증진을 위한 구성이 필요하다는 이유에서 오랜 고심 끝에 이 책을 내 놓게 되었다. 다만, 임상 및 교육 장면에서 학습치료적 개입에 대한 전문적인 요구가 증가하고 있기 때문에, 이 책이 치료사, 교사들에게 단순하게 쓰이기보다는 각 아동의 발달 및 인지적 특성을 고려하여 보다 개별적이며 창의적으로 활용되기를 바란다.

마지막으로 이 책을 더욱 빛나게 써주실 치료사, 교사, 부모에게 먼저 응원의 인사를 전하며, 이 책이 나올 수 있도록 지지해준 민달팽이사회적협동조합에도 깊은 감사의 마음을 전한다.

2020년 9월

정하나, 유선미

시지각 발달 향상을 위한 활동

1. 시지각 자극 파악하기 ········ 6
2. 시지각 자극 추론하기 ········ 22

**2권
시지각 발달 향상을
위한 활동**

1 시각-운동 협응 : 따라그리기

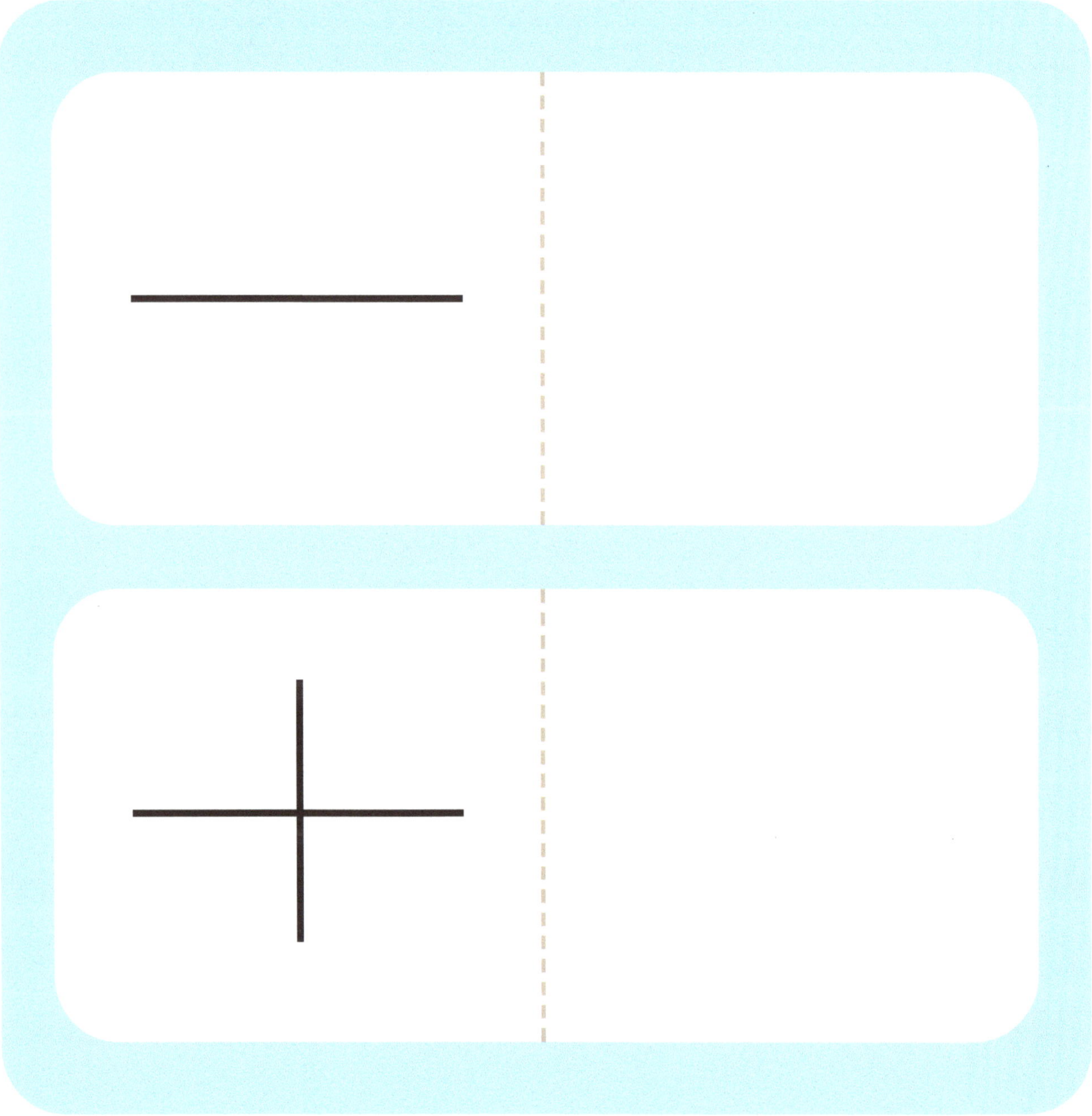

시각 자극 파악하기

1 시각-운동 협응 : 따라그리기

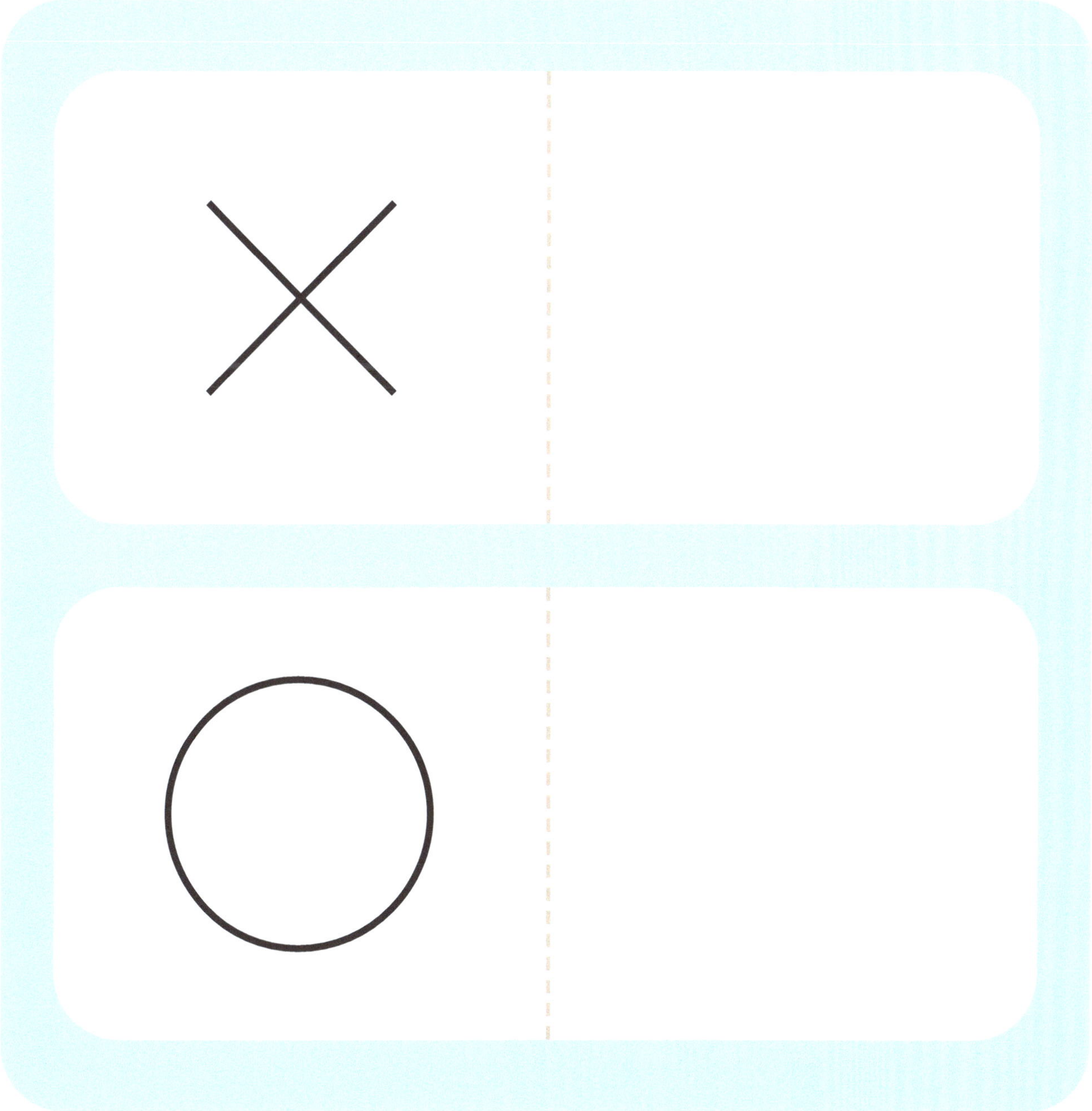

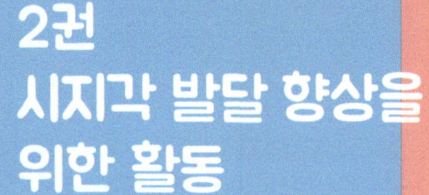

1 시각-운동 협응 : 따라그리기

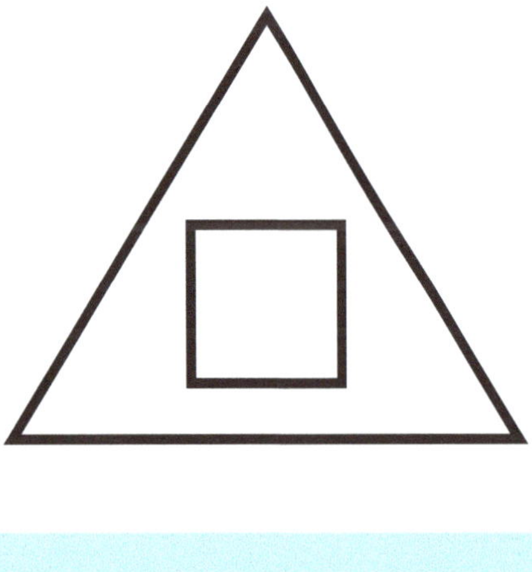

시각 자극 파악하기

1 시각-운동 협응 : 따라그리기

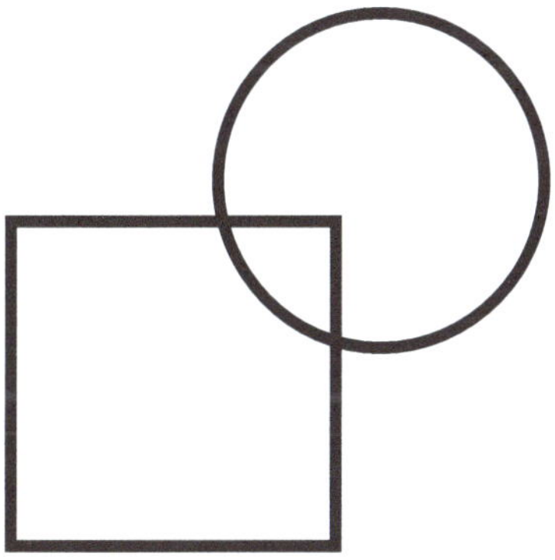

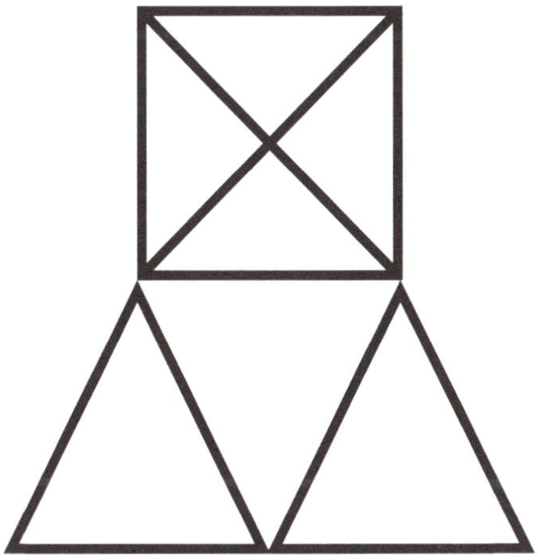

2권
시지각 발달 향상을
위한 활동

 모양 및 색깔 지각하기

시각 자극 파악하기

2 모양 및 색깔 지각하기

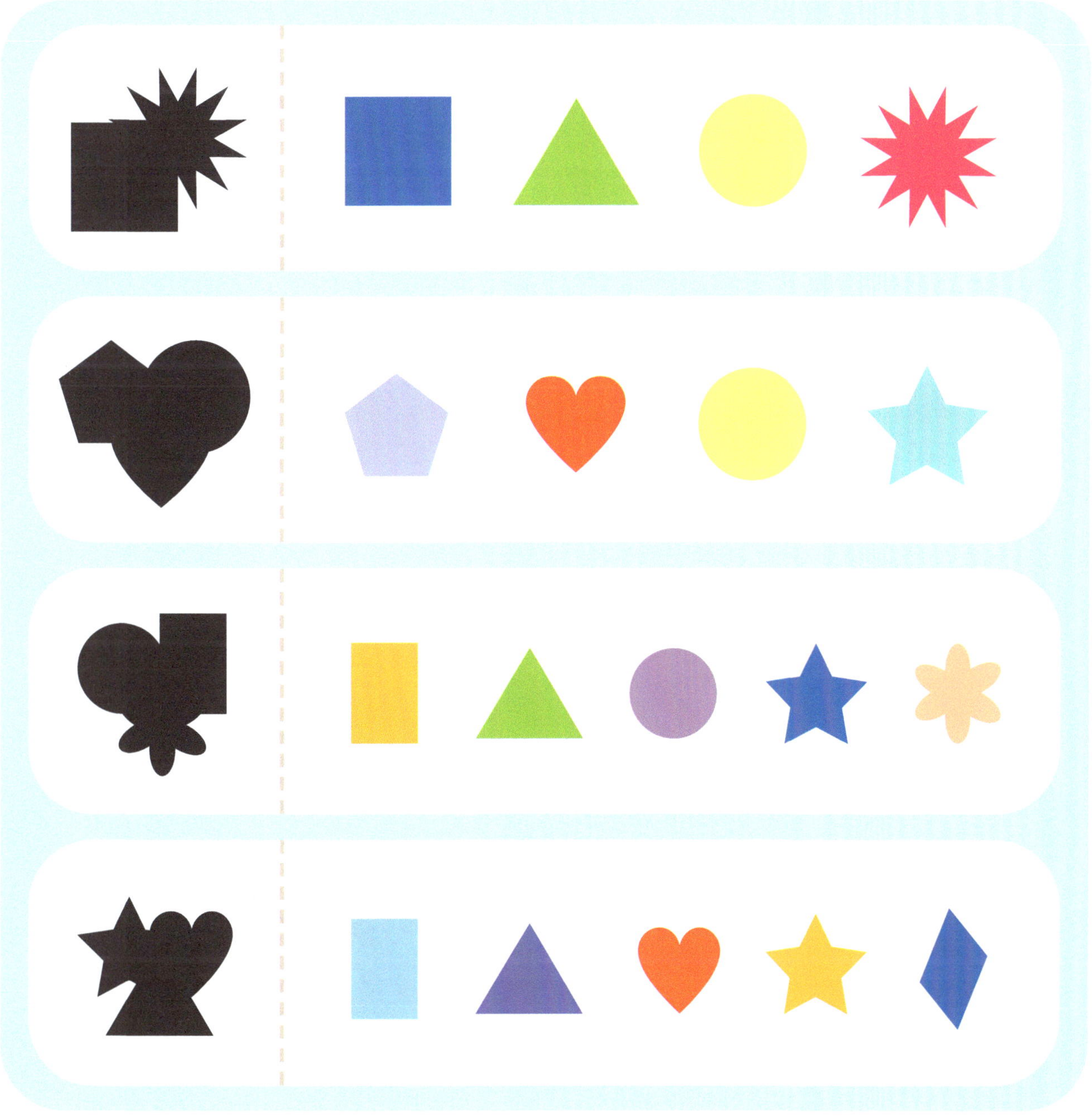

2권
시지각 발달 향상을
위한 활동

2 모양 및 색깔 지각하기

9 5	1 2 3 4 5 6 7 8 9
2 8	1 2 3 4 5 6 7 8 9
4 9 3	1 2 3 4 5 6 7 8 9
2 5 3	1 2 3 4 5 6 7 8 9

시각 자극 파악하기

3 같은 모양 찾기

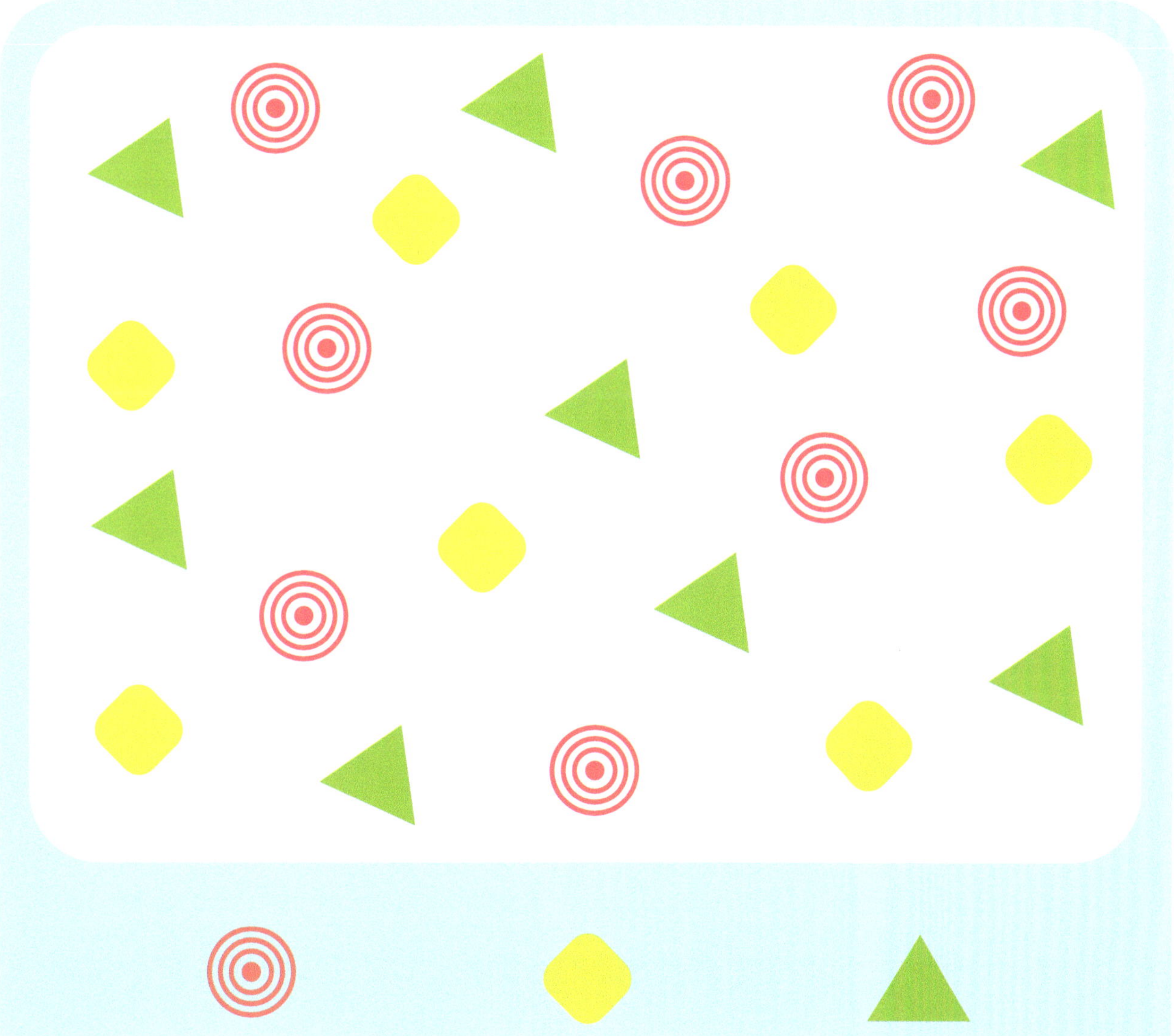

개   개   개

2권
시지각 발달 향상을 위한 활동

 3 같은 모양 찾기

```
5  3  1  9  6    4  9
  8    7    8  3
3    4   5      8
   2    1  6  9
5        6  3   5
7  1    2  4  9  1
  9    2    7
```

3   5   7   9

(개) (개) (개) (개)

시각 자극 파악하기

3 같은 모양 찾기

6 3 1 8 2 4 9
8 7 6 6
6 5 8
3 2
2 9 8
5 2 5
8 6 1
8 4 7
9 2

2 4 6 8
개 개 개 개

2권
시지각 발달 향상을
위한 활동

3 같은 모양 찾기

더 너 더 러
라 거 나 너 나
다 나 다 러 가 라
나 더 너
너 라 거 나 더
러
라 다 라 너 러
가
나 라 가
거 러 가
너 가 더 거

가　　**나**　　**다**

(　　개)　(　　개)　(　　개)

 # 시각 자극 파악하기

4 공간 위치 지각하기

6	၈ ၉ ၆ 9 6 ဖ
4	⊿ ⊿ 4 ⊽ ⊽ 4
2	ट 2 ट 2 2 ט
5	ට 5 ပ 5 ට 2
7	⌐ ⌐ 7 ⌐ ∨ ⌐

2권
시지각 발달 향상을
위한 활동

4 공간 위치 지각하기

가	러 거 ㅏ 가 자
나	ㅏ 사 ㅓ 구 나
다	무 다 흐 머 다
라	러 ㄹ 사 라 ㄹ
마	마 무 머 먀 ㅁ

시각 자극 파악하기

4 공간 위치 지각하기

A	A	∀	∀	A
B	ᗺ	B	ᗺ	ᗺ
C	∪	∩	C	∪
D	ᗡ	ᗪ	ᗪ	D
E	Ǝ	E	ɯ	ɯ

2권
시지각 발달 향상을 위한 활동

 5 분류하기 : 같은 종류끼리 모으기

모양에 따라 분류하기	색깔에 따라 분류하기	크기에 따라 분류하기
원: ___개	파란색: ___개	작은 것: ___개
네모: ___개	노란색: ___개	큰 것: ___개
세모: ___개	흰색: ___개	

1 시각 자극 파악하기

5 분류하기 : 같은 종류끼리 모으기

모양에 따라 분류하기	색깔에 따라 분류하기	크기에 따라 분류하기
자동차: 개	파란색: 개	작은 것: 개
자전거: 개	빨간색: 개	큰 것: 개
기차: 개	검은색: 개	

2권
시지각 발달 향상을 위한 활동

 **규칙 파악하기**

제시된 순서대로 도형을 적어보세요. [예시] ○ - □ - □

○	□	□					

제시된 순서대로 도형을 적어보세요. [예시] ○ - ☆ - □ - ○

○							

시각 자극 추론하기

1 규칙 파악하기

순서대로 묶인 도형을 찾아보세요. [예시] ○ □ △

☆	△	□	△	○	□	△	○
□	○	△	○	□	☆	□	□
○	□	△	□	○	○	○	△
☆	△	☆	○	○	□	△	☆
○	□	△	□	☆	△	△	□

제시된 규칙대로 된 글자를 찾아보세요. [예시] 바 - 나 - 나

바	나	나	바	바	나	나	바
나	바	나	나	나	바	나	나
나	나	바	나	나	바	나	바
바	나	나	나	바	나	나	바
나	바	나	바	나	나	바	나

2권
시지각 발달 향상을 위한 활동

2 전체와 부분 추론하기

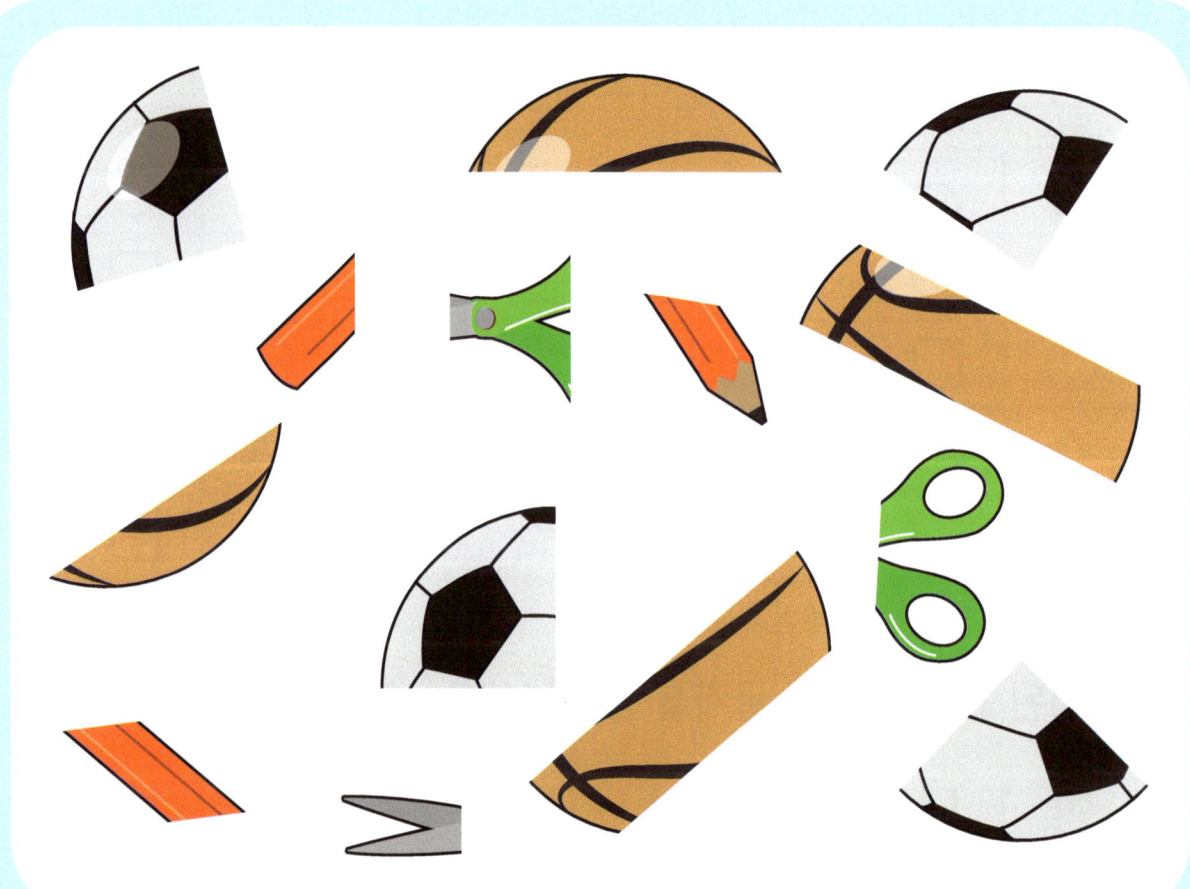

다음의 조각들을 잘 맞춰보세요. 어떤 모양이 되는지 적어보세요.

정답 : _____

시각 자극 추론하기

2 전체와 부분 추론하기

다음의 조각들을 잘 맞춰보세요. 어떤 모양이 되는지 적어보세요.

정답 : _____

2권
시지각 발달 향상을 위한 활동

2 전체와 부분 추론하기

다음의 조각들을 잘 맞춰보세요. 어떤 모양이 되는지 적어보세요.

정답 : _____

정답 : _____

시각 자극 추론하기

3 순서대로 추론하기

[보기] 그림처럼 순서대로 번호를 적어 보세요.

(1)　　　　　(2)　　　　　(3)

(　　)　　　　　(　　)　　　　　(　　)

2권
시지각 발달 향상을 위한 활동

 3 순서대로 추론하기

[보기] 그림처럼 순서대로 번호를 적어 보세요.

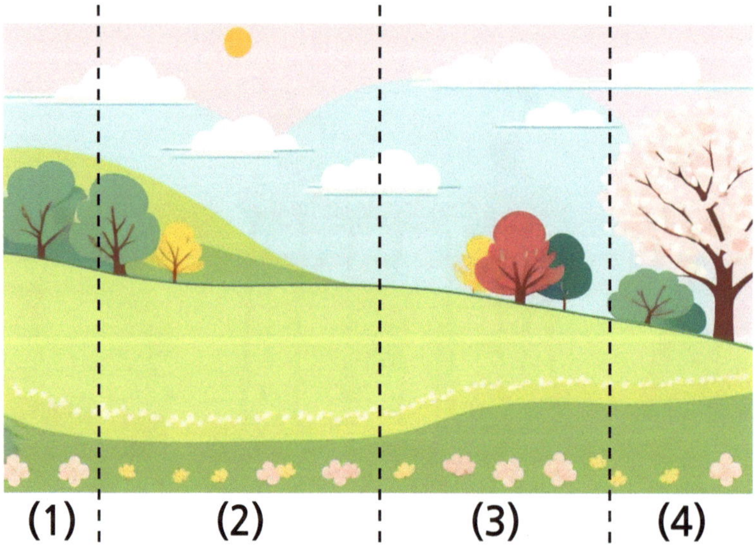

(1)　(2)　(3)　(4)

(　)　(　)　(　)　(　)

2 시각 자극 추론하기

3 순서대로 추론하기

[보기] 그림처럼 순서대로 번호를 적어 보세요.

(1)　(2)　(3)　(4)

(　)　　(　)　(　)　　(　)

2권
시각 발달 향상을 위한 활동

 4 유사점과 차이점 찾기

[보기] 와 같은 그림을 찾아 보세요.

 ## 시각 자극 추론하기

4 유사점과 차이점 찾기

다음 그림에서 서로 관계있는 것을 연결한 후, 이유를 설명해 보세요.

2권
시지각 발달 향상을 위한 활동

4 유사점과 차이점 찾기

다음 그림에서 서로 관계있는 것을 연결한 후, 이유를 설명해보세요.

 시각 자극 추론하기

5 유목화하기

다음 그림에서 서로 관계있는 것을 동그라미 한 후, 이유를 설명해보세요.

2권
시지각 발달 향상을 위한 활동

 유목화하기

다음 그림에서 서로 관계있는 것을 동그라미 한 후, 이유를 설명해보세요.

시각 자극 추론하기

6 좌표를 통한 추론하기

[그림]을 보고, 오른쪽의 저울의 무게가 같도록 만들어보세요.

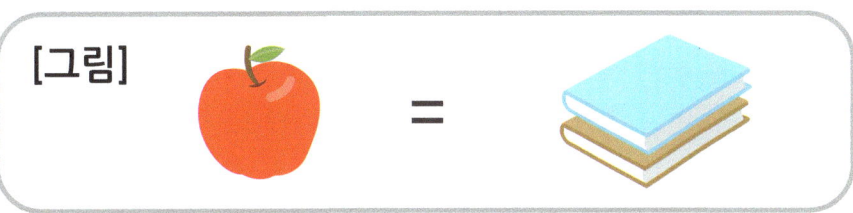

 =

 =

2권
시지각 발달 향상을 위한 활동

6 좌표를 통한 추론하기

[그림]을 보고, 오른쪽의 저울의 무게가 같도록 만들어보세요.

 =

 =

시각 자극 추론하기

6 좌표를 통한 추론하기

[그림]을 보고, 오른쪽의 저울의 무게가 같도록 만들어보세요.

[그림] ▲ = ▢ ▢

▲ ▲ =

[그림] ❁ ❁ = ✦ ✦ ✦ ✦

❁ =

6 좌표를 통한 추론하기

[그림]을 보고, 오른쪽의 저울의 무게가 같도록 만들어보세요.

[그림] ■ = ●●●

■■ =

[그림] ♥♥ = 🌲

🌲🌲 =

시각 자극 추론하기

6 좌표를 통한 추론하기

빈 네모칸에 들어갈 그림을 그려보세요.

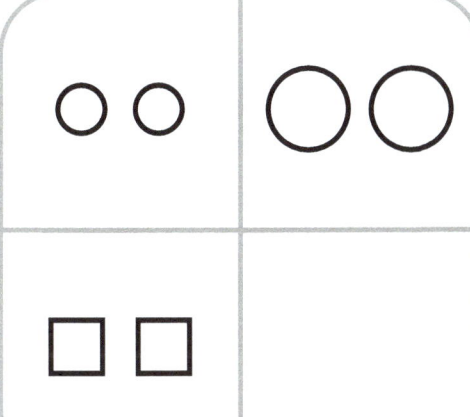
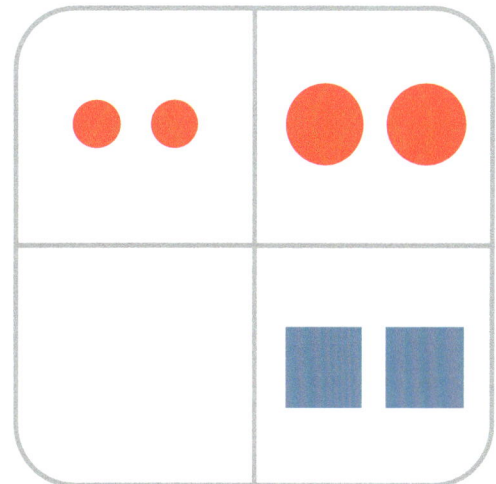

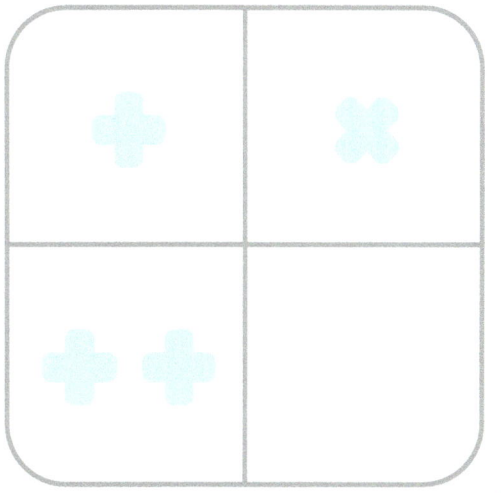

2권
시지각 발달 향상을 위한 활동

6 좌표를 통한 추론하기

빈 네모칸에 들어갈 그림을 그려보세요.

시각 자극 추론하기

6 좌표를 통한 추론하기

빈 네모칸에 들어갈 그림을 그려보세요.

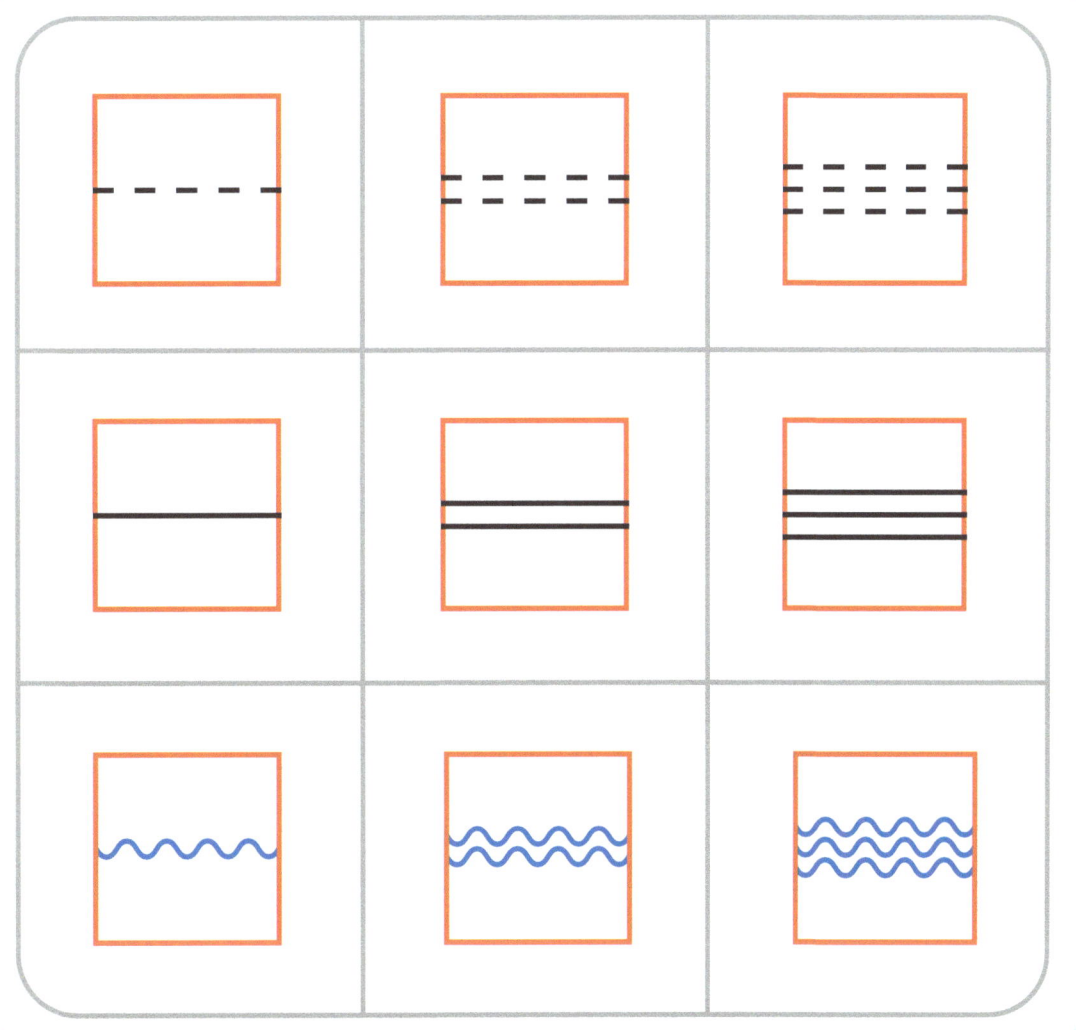

민달팽이 사회적 협동조합 소개

민달팽이 사회적 협동조합은

서로 부족하면 돕고

서로 풍족하면 나누며

누구나 가지고 있는 꿈과 희망을

그려볼 수 있는 기회가 있는

열린 사회적 협동조합을 지향합니다.

장애 아동 학습 지원 서비스, 장애인 주간보호 센터, 장애인 활동 지원,

특수아동지도사 양성교육, 장애인 문화, 예술사업을 통해 장애와 비장애인이

함께하는 디아코니아를 만들어 나가고 있습니다.

느린학습자를 위한 교재 시지즈

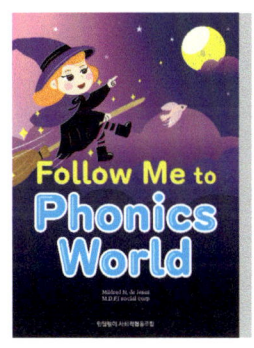

Follow Me to Phonics World

스스로 학습하고 따라 하기가 어려운 느린 학습 아동들의 학교 공부를 따라갈 수 있도록 이해하기 쉬운 설명과 재미있는 문구로 제작된 영어 교재

스피킹 UP

느린 학습자 권장 영어 말하기 교재로 간단한 문법 공부와 문제들을 통해 일상생활에서 자주 쓰이는 회화들을 배우며 말하기까지 터득할 수 있는 교재

자신감시리즈 1, 2, 3, 4

장애를 가진 느린 학습 아동들이 재밌는 활동을 통해 자연스럽게 자신감을 키울 수 있도록 제작된 단계별 교재

징검다리 시리즈 1, 2, 3, 4

느린 학습 아동들이 한 걸음씩 단계별로 공부할 수 있도록 짜여진 국어 교재

글	정하나 · 유선미 · 민달팽이사회적협동조합
편집인	김정희
기획/편집	문상희
사진/엮음	문수진
디자인	오은정

펴낸곳	민달팽이 사회적협동조합
주소	인천시 남동구 만수서로37번길 55 하영빌딩 2층
전화	032-472-0123
팩스	032-472-0021
등록	제353-2019-000019호

ISBN 979-11-93352-02-1
ISBN 979-11-93352-00-7 (세트)

*이 출판물은 저작권법에 의해 보호를 받는 저작물이므로
무단 전재와 무단 복재를 할 수 없습니다.

*저자와의 협약 아래 인자는 생략되었습니다.